PREMIÈRE PARTIE : LÉGISLATIVE

LIVRE I DE LA CONDUITE DE LA POLITIQUE PÉNALE, DE L'EXERCICE DE L'ACTION PUBLIQUE ET DE L'INSTRUCTION *(L. n° 2013-669 du 25 juill. 2013, art. 2-1°).*

TITRE II DES ENQUÊTES ET DES CONTRÔLES D'IDENTITÉ *(L. n° 83-466 du 10 juin 1983).*

CHAPITRE I DES CRIMES ET DÉLITS FLAGRANTS

Art. 63-1 *(L. n° 2011-392 du 14 avr. 2011, en vigueur le 1er juin 2011)* **La personne placée en garde à vue est immédiatement informée par un officier de police judiciaire ou, sous le contrôle de celui-ci, par un agent de police judiciaire, dans une langue qu'elle comprend, le cas échéant au moyen** *(L. n° 2014-535 du 27 mai 2014, art. 4, en vigueur le 2 juin 2014)* **« du formulaire prévu au treizième alinéa » :**

1° De son placement en garde à vue ainsi que de la durée de la mesure et de la ou des prolongations dont celle-ci peut faire l'objet ;

2° *(L. n° 2014-535 du 27 mai 2014, art. 4, en vigueur le 2 juin 2014)* **« De la qualification, de la date et du lieu présumés » de l'infraction qu'elle est soupçonnée d'avoir commise ou tenté de commettre** *(L. n° 2014-535 du 27 mai 2014, art. 4, en vigueur le 2 juin 2014)* **« ainsi que des motifs mentionnés aux 1° à 6° de l'article 62-2 justifiant son placement en garde à vue » ;**

3° Du fait qu'elle bénéficie :

– du droit de faire prévenir un proche et son employeur *(L. n° 2014-535 du 27 mai 2014, art. 4, en vigueur le 2 juin 2014)* **« ainsi que, si elle est de nationalité étrangère, les autorités consulaires de l'État dont elle est ressortissante »** *(L. n° 2016-731 du 3 juin 2016, art. 63, en vigueur le 15 nov. 2016)* **« et, le cas échéant, de communiquer avec ces personnes, » conformément à l'article 63-2 ;**
– La L. n° 2023-1059 du 20 nov. 2023, art. 6-I-3° et 60-I, avait ajouté, après le mot « employeur », les mots « ou toute autre personne qu'elle désigne » mais ces mots ont été abrogés avant leur entrée en vigueur par la L. n° 2024-364 du 22 avr. 2024, art. 32-II et 34-I.

– du droit d'être examinée par un médecin, conformément à l'article 63-3 ;

– du droit d'être assistée par un avocat, conformément aux articles 63-3-1 à 63-4-3 ; *– V. art. D. 15-5-5.*

(L. n° 2014-535 du 27 mai 2014, art. 4, en vigueur le 2 juin 2014) **« – s'il y a lieu, du droit d'être assistée par un interprète ;**

« – du droit de consulter, dans les meilleurs délais et au plus tard avant l'éventuelle prolongation de la garde à vue, les documents mentionnés à l'article 63-4-1 ;

« – du droit de présenter des observations au procureur de la République ou, le cas échéant, au juge des libertés et de la détention, lorsque ce magistrat se prononce sur l'éventuelle prolongation de la garde à vue, tendant à ce qu'il soit mis fin à cette mesure. Si la personne n'est pas présentée devant le magistrat, elle peut faire connaître oralement ses observations dans un procès-verbal d'audition, qui est communiqué à celui-ci avant qu'il ne statue sur la prolongation de la mesure ; »

– du droit, lors des auditions, après avoir décliné son identité, de faire des déclarations, de répondre aux questions qui lui sont posées ou de se taire.

Si la personne est atteinte de surdité et qu'elle ne sait ni lire, ni écrire, elle doit être assistée par un interprète en langue des signes ou par toute personne qualifiée maîtrisant un langage ou une méthode permettant de communiquer avec elle. Il peut également être recouru à tout dispositif technique permettant de communiquer avec une personne atteinte de surdité.

Si la personne ne comprend pas le français, ses droits doivent lui être notifiés par un interprète, le cas échéant après qu'un formulaire lui a été remis pour son information immédiate.

Mention de l'information donnée en application du présent article est portée au procès-verbal de déroulement de la garde à vue et émargée par la personne gardée à vue. En cas de refus d'émargement, il en est fait mention.

(L. n° 2014-535 du 27 mai 2014, art. 4, en vigueur le 2 juin 2014) **« En application de l'article 803-6, un document énonçant ces droits est remis à la personne lors de la notification de sa garde à vue. »**

V. note ss. art. 61-1.

Les dispositions issues de la L. n° 2014-535 du 27 mai 2014 sont entrées en vigueur le 2 juin 2014 (L. préc., art. 15).

Sur les modalités d'exercice du droit à l'assistance d'un interprète et à la traduction de certaines pièces, V. art. préliminaire, 803-5, D. 15-5-2 et D. 594 s.

Art. 63-2 *(L. n° 93-2 du 4 janv. 1993) (L. n° 2016-731 du 3 juin 2016, art. 63, en vigueur le 15 nov. 2016)* **« I. — » Toute personne placée en garde à vue peut, à sa demande, faire prévenir** *(Abrogé par L. n° 2011-392 du 14 avr. 2011)* ***« dans le délai prévu au dernier alinéa de l'article 63-1 »*****, par téléphone,** *(L. n° 93-1013 du 24 août 1993)* **« une personne avec laquelle elle vit habituellement ou l'un de ses parents en ligne directe, »** *(L. n° 2019-222 du 23 mars 2019, art. 48-II et 109-XIII, en vigueur le 1er juin 2019)* **« ou l'un de ses frères et sœurs »** *(L. n° 2024-364 du 22 avr. 2024, art. 32-I et 34-I, applicable aux mesures de garde à vue prises à compter du 1er juill. 2024)* **« ou toute autre personne qu'elle désigne » de la mesure dont elle est l'objet.** *(L. n° 2011-392 du 14 avr. 2011)* **« Elle peut en outre faire prévenir son employeur. Lorsque la personne gardée à vue est de nationalité étrangère, elle peut faire contacter les autorités consulaires de son pays. »** *— V. art. D. 15-5-2 ; La L. n° 2023-1059 du 20 nov. 2023, art. 6-I-3° et 60-I, avait déjà ajouté les mots « ou toute autre personne qu'elle désigne » à cet alinéa, en prévoyant une entrée en vigueur au 30 sept. 2024. La L. n° 2024-364 du 22 avr. 2024, art. 32-I, 32-II et 34-I, a abrogé puis rajouté les mêmes mots, en prévoyant cette fois une application aux mesures de garde à vue prises à compter du 1er juill. 2024.*

(Abrogé par L. n° 2016-731 du 3 juin 2016, art. 63, à compter du 15 nov. 2016) ***« Si l'officier de police judiciaire estime, en raison des nécessités de l'enquête, ne pas devoir faire droit à cette demande, il en réfère sans délai au procureur de la République qui décide, s'il y a lieu, d'y faire droit. »***

(L. n° 2011-392 du 14 avr. 2011) **« Sauf en cas de circonstance insurmontable, qui doit être mentionnée au procès-verbal, les diligences incombant aux enquêteurs** *(L. n° 2023-22 du 24 janv. 2023, art. 18)* **« ou, sous leur contrôle, aux assistants d'enquête » en application du premier alinéa doivent intervenir au plus tard dans un délai de trois heures à compter du moment où la personne a formulé la demande. »** *— Les dispositions de la L. n° 2011-392 du 14 avr. 2011 sont entrées en vigueur le 1er juin 2011.*

(L. n° 2016-731 du 3 juin 2016, art. 63, en vigueur le 15 nov. 2016) **« Le procureur de la République peut, à la demande de l'officier de police judiciaire, décider que l'avis prévu au premier alinéa du présent I sera différé ou ne sera pas délivré si cette décision est, au regard des circonstances, indispensable afin de permettre le recueil ou la conservation des preuves ou de prévenir une atteinte grave à la vie, à la liberté ou à l'intégrité physique d'une personne.**

« Si la garde à vue est prolongée au-delà de quarante-huit heures, le report de l'avis peut être maintenu, pour les mêmes raisons, par le juge des libertés et de la détention ou le juge d'instruction, sauf lorsque l'avis concerne les autorités consulaires.

« II. – L'officier de police judiciaire peut autoriser la personne en garde à vue qui en fait la demande à communiquer, par écrit, par téléphone ou lors d'un entretien, avec un des tiers mentionnés au I du présent article, s'il lui apparaît que cette communication n'est pas incompatible avec les objectifs mentionnés à l'article 62-2 et qu'elle ne risque pas de permettre une infraction.

« Afin d'assurer le bon ordre, la sûreté et la sécurité des locaux dans lesquels s'effectue la garde à vue, l'officier ou l'agent de police judiciaire détermine le moment, les modalités et la durée de cette communication, qui ne peut excéder trente minutes et intervient sous son contrôle, le cas échéant en sa présence ou en la présence d'une personne qu'il désigne. Si la demande de communication concerne les autorités consulaires, l'officier de police judiciaire ne peut s'y opposer au-delà de la quarante-huitième heure de la garde à vue.

« Le présent II n'est pas applicable en cas de demande de communication avec un tiers dont il a été décidé en application des deux derniers alinéas du I du présent article qu'il ne pouvait être avisé de la garde à vue. »

Art. 63-3 *(L. nº 93-2 du 4 janv. 1993)* Toute personne placée en garde à vue peut, à sa demande, être examinée par un médecin *(L. nº 93-1013 du 24 août 1993)* « désigné par le procureur de la République ou l'officier de police judiciaire ». En cas de prolongation, elle peut demander à être examinée une seconde fois. *(L. nº 2011-392 du 14 avr. 2011, en vigueur le 1er juin 2011)* « Le médecin se prononce sur l'aptitude au maintien en garde à vue et procède à toutes constatations utiles. Sauf en cas de circonstance insurmontable, les diligences incombant aux enquêteurs *(L. nº 2023-22 du 24 janv. 2023, art. 18)* « ou, sous leur contrôle, aux assistants d'enquête » en application du présent alinéa doivent intervenir au plus tard dans un délai de trois heures à compter du moment où la personne a formulé la demande. Sauf décision contraire du médecin, l'examen médical doit être pratiqué à l'abri du regard et de toute écoute extérieurs afin de permettre le respect de la dignité et du secret professionnel. »

(L. nº 93-1013 du 24 août 1993) « A tout moment, le procureur de la République ou l'officier de police judiciaire peut d'office désigner un médecin pour examiner la personne gardée à vue.

« En l'absence de demande de la personne gardée à vue, du procureur de la République ou de l'officier de police judiciaire, un examen médical est de droit si un membre de sa famille *(L. nº 2024-364 du 22 avr. 2024, art. 32-I et 34-I, applicable aux mesures de garde à vue prises à compter du 1er juill. 2024)* « ou la personne prévenue en application du premier alinéa du I de l'article 63-2 » le demande ; le médecin est désigné par le procureur de la République ou l'officier de police judiciaire. »

Le médecin examine sans délai la personne gardée à vue. Le certificat médical *(Abrogé par L. nº 2011-392 du 14 avr. 2011, à compter du 1er juin 2011)* *« par lequel il doit notamment se prononcer sur l'aptitude au maintien en garde à vue »* est versé au dossier.

(L. nº 2023-1059 du 20 nov. 2023, art. 6-I-5º et 60-I, en vigueur le 30 sept. 2024) « Sur autorisation du procureur de la République, en cas de prolongation de la garde à vue, l'examen médical peut être réalisé par vidéotransmission ou par tout autre moyen de télécommunication audiovisuelle si la nature de l'examen le permet, dans des conditions garantissant la qualité, la confidentialité et la sécurité des échanges et selon des modalités précisées par décret en Conseil d'État. Le médecin se prononce sur la nécessité éventuelle de réaliser un examen physique

direct de la personne gardée à vue au regard notamment des conditions précitées. S'il l'estime nécessaire, la personne lui est alors présentée dans les conditions prévues au premier alinéa *(L. n° 2024-364 du 22 avr. 2024, art. 32-I et 34-I, applicable aux mesures de garde à vue prises à compter du 1er juill. 2024)* **« du présent article ». Dans le cas où l'examen médical est demandé par la personne** *(L. n° 2024-364 du 22 avr. 2024, art. 32-I et 34-I, applicable aux mesures de garde à vue prises à compter du 1er juill. 2024)* **« , par un membre de sa famille ou par la personne prévenue en application du premier alinéa du I de l'article 63-2 », le recours à un moyen de télécommunication est subordonné à l'accord exprès de celui qui sollicite cet examen.**

« Le cinquième alinéa *(L. n° 2024-364 du 22 avr. 2024, art. 32-I et 34-I, applicable aux mesures de garde à vue prises à compter du 1er juill. 2024)* **« du présent article » n'est pas applicable :**

« 1° Lorsque la personne placée en garde à vue est un mineur ;

« 2° Lorsqu'il est établi au cours de la procédure que la personne est un majeur faisant l'objet d'une mesure de protection juridique ;

« 3° Lorsque la personne a été placée en garde à vue pour violences ou outrage commis sur personne dépositaire de l'autorité publique ou pour rébellion ;

« 4° Lorsque la personne a été victime ou allègue avoir été victime de violences, qu'elle souffre de blessures physiques apparentes ou qu'il est établi au cours de la procédure qu'elle a subi, avant ou pendant la garde à vue, une perte de connaissance ;

« 5° Lorsque la personne est enceinte et que son état est apparent ou connu du procureur de la République ou des officiers ou agents de police judiciaire ;

« 6° Lorsque la personne est atteinte de surdité ;

« 7° Lorsque la personne présente un problème apparent de santé ou de particulière vulnérabilité. »

(L. n° 93-1013 du 24 août 1993) **« Les dispositions du présent article ne sont pas applicables lorsqu'il est procédé à un examen médical en application de règles particulières. »** — *Pour des règles particulières en matière de stupéfiants et de criminalité organisée, V. art. 706-88 ; ... en matière de délinquance des mineurs, V. CJPM, App., v° Mineurs délinquants.*

Polynésie française : 813.

Art. 63-3-1 *(L. n° 2011-392 du 14 avr. 2011, en vigueur le 1er juin 2011) (L. n° 2024-364 du 22 avr. 2024, art. 32-I et 34-I, applicable aux mesures de garde à vue prises à compter du 1er juill. 2024)* **« Dès le début de la garde à vue et à tout moment au cours de celle-ci, la personne peut demander à être assistée par un avocat désigné par elle ou commis d'office.**

« L'avocat peut également être désigné par la personne prévenue en application du premier alinéa du I de l'article 63-2. Cette désignation doit toutefois être confirmée par la personne gardée à vue.

« L'avocat désigné est informé par l'officier de police judiciaire ou, sous le contrôle de celui-ci, par un agent de police judiciaire ou un assistant d'enquête de la nature et de la date présumée de l'infraction sur laquelle porte l'enquête. Il accomplit les diligences requises pour se présenter sans retard indu.

« Si l'avocat désigné dans les conditions prévues aux deux premiers alinéas du présent article ne peut être contacté ou déclare ne pas pouvoir se présenter dans un délai de deux heures à compter de l'avis qui lui a été adressé ou si la personne gardée à vue a demandé à être assistée par un avocat commis d'office, l'officier de police judiciaire ou, sous son contrôle, l'agent de police judiciaire ou l'assistant d'enquête saisit sans délai et par tous moyens le bâtonnier aux fins de désignation d'un avocat commis d'office. Il en informe la personne gardée à vue.

« La même procédure est applicable si l'avocat désigné ne s'est pas présenté après l'expiration du délai prévu au quatrième alinéa. »

S'il constate un conflit d'intérêts, l'avocat fait demander la désignation d'un autre avocat. En cas de divergence d'appréciation entre l'avocat et l'officier de police judiciaire ou le procureur de la République sur l'existence d'un conflit d'intérêts, l'officier de police judiciaire ou le procureur de la République saisit le bâtonnier qui peut désigner un autre défenseur.

Le procureur de la République, d'office ou saisi par l'officier de police judiciaire ou l'agent de police judiciaire, peut également saisir le bâtonnier afin qu'il soit désigné plusieurs avocats lorsqu'il est nécessaire de procéder à l'audition simultanée de plusieurs personnes placées en garde à vue.

V. art. D. 15-5-2 ; Décr. n° 2011-810 du 6 juill. 2011 relatif à l'aide à l'intervention de l'avocat au cours de la garde à vue et de la retenue douanière (JO 8 juill.).

....

Art. 63-4-1 *(L. n° 2011-392 du 14 avr. 2011, en vigueur le 1er juin 2011)* **A sa demande, l'avocat peut consulter le procès-verbal établi en application** *(L. n° 2014-535 du 27 mai 2014, art. 4, en vigueur le 2 juin 2014)* **« de l'avant-dernier » alinéa de l'article 63-1 constatant la notification du placement en garde à vue et des droits y étant attachés, le certificat médical établi en application de l'article 63-3, ainsi que les procès-verbaux d'audition de la personne qu'il assiste. Il ne peut en demander ou en réaliser une copie. Il peut toutefois prendre des notes.** *(L. n° 2024-364 du 22 avr. 2024, art. 32-I et 34-I, applicable aux mesures de garde à vue prises à compter du 1er juill. 2024)* **« Si des auditions et confrontations ont été décidées en application du deuxième alinéa de l'article 63-4-2 ou de l'article 63-4-2-1, l'avocat peut également consulter les procès-verbaux de ces auditions et confrontations. »**

(L. n° 2014-535 du 27 mai 2014, art. 4, en vigueur le 2 juin 2014) **« La personne gardée à vue peut également consulter les documents mentionnés au premier alinéa du présent article ou une copie de ceux-ci. »**

Les dispositions issues de la L. n° 2014-535 du 27 mai 2014 sont entrées en vigueur le 2 juin 2014 (L. préc., art. 15).

Sur l'application de l'art. 63-4-1 en matière de criminalité organisée, V. art. 706-88.

La Dir. 2012/13/UE du Parlement européen et du Conseil du 22 mai 2012 relative au droit à l'information dans le cadre des procédures pénales prévoit (publiée au JOUE du 1er juin 2012), en son art. 7, un droit d'accès aux pièces du dossier. Il est notamment indiqué que lorsqu'une personne est arrêtée et détenue à n'importe quel stade de la procédure pénale, les États membres veillent à ce que les documents relatifs à l'affaire en question détenus par les autorités compétentes qui sont essentiels pour contester de manière effective conformément au droit national la légalité de l'arrestation ou de la détention soient mis à la disposition de la personne arrêtée ou de son avocat. De plus, les États membres veillent à ce que les suspects ou les personnes poursuivies, ou leur avocat, aient accès au minimum à toutes les preuves matérielles à charge ou à décharge des suspects ou des personnes poursuivies, qui sont détenues par les autorités compétentes, afin de garantir le caractère équitable de la procédure et de préparer leur défense.

Art. 63-4-2 *(L. n° 2011-392 du 14 avr. 2011, en vigueur le 1er juin 2011)* **La personne gardée à vue peut demander que l'avocat assiste à ses auditions et confrontations.** *(L. n° 2024-364 du 22 avr. 2024, art. 32-I et 34-I, applicable aux mesures de garde à vue prises à compter du 1er juill. 2024)* **« Dans ce cas, elle ne peut être entendue sur les faits sans la présence de l'avocat choisi ou commis d'office, sauf renonciation expresse de sa part mentionnée au procès-verbal. » Au cours des auditions ou confrontations, l'avocat peut prendre des notes.**

(Abrogé par L. n° 2024-364 du 22 avr. 2024, art. 32-I et 34-I, pour les mesures de garde à vue prises à compter du 1er juill. 2024) ***« Si l'avocat se présente après l'expira-***

tion du délai prévu au premier alinéa alors qu'une audition ou une confrontation est en cours, celle-ci est interrompue à la demande de la personne gardée à vue afin de lui permettre de s'entretenir avec son avocat dans les conditions prévues à l'article 63-4 et que celui-ci prenne connaissance des documents prévus à l'article 63-4-1. Si la personne gardée à vue ne demande pas à s'entretenir avec son avocat, celui-ci peut assister à l'audition en cours dès son arrivée dans les locaux du service de police judiciaire ou à la confrontation.

« Lorsque les nécessités de l'enquête exigent une audition immédiate de la personne, le procureur de la République peut autoriser, par décision écrite et motivée, sur demande de l'officier de police judiciaire, que l'audition débute sans attendre l'expiration du délai prévu au premier alinéa. »

A titre exceptionnel, sur demande de l'officier de police judiciaire, le procureur de la République ou le juge des libertés et de la détention, selon les distinctions prévues par l'alinéa suivant, peut autoriser, par décision écrite et motivée, le report de présence de l'avocat lors des auditions ou confrontations, si cette mesure apparaît indispensable pour des raisons impérieuses tenant aux circonstances particulières de l'enquête, soit pour *(L. n° 2024-364 du 22 avr. 2024, art. 32-I et 34-I, applicable aux mesures de garde à vue prises à compter du 1er juill. 2024)* **« éviter une situation susceptible de compromettre sérieusement une procédure pénale », soit pour prévenir une atteinte** *(L. n° 2016-731 du 3 juin 2016, art. 63, en vigueur le 15 nov. 2016)* **« grave et imminente à la vie, à la liberté ou à l'intégrité physique d'une personne. »**

Le procureur de la République ne peut différer la présence de l'avocat que pendant une durée maximale de douze heures. Lorsque la personne est gardée à vue pour un crime ou un délit puni d'une peine d'emprisonnement supérieure ou égale à cinq ans, le juge des libertés et de la détention peut, sur requête du procureur de la République, autoriser à différer la présence de l'avocat, au-delà de la douzième heure, jusqu'à la vingt-quatrième heure. Les autorisations du procureur de la République et du juge des libertés et de la détention sont écrites et motivées par référence aux conditions prévues à l'alinéa précédent au regard des éléments précis et circonstanciés résultant des faits de l'espèce.

Lorsque, conformément aux dispositions des deux alinéas qui précèdent, le procureur de la République ou le juge des libertés et de la détention a autorisé à différer la présence de l'avocat lors des auditions ou confrontations, il peut également, dans les conditions et selon les modalités prévues par ces mêmes alinéas, décider que l'avocat ne peut, pour une durée identique, consulter les procès-verbaux d'audition de la personne gardée à vue.

Sur l'application de l'art. 63-4-2 en matière de criminalité organisée, V. art. 706-88.

V. Décr. n° 2011-810 du 6 juill. 2011 relatif à l'aide à l'intervention de l'avocat au cours de la garde à vue et de la retenue douanière (JO 8 juill.).

Art. 63-4-2-1 *(L. n° 2024-364 du 22 avr. 2024, art. 32-I et 34-I, applicable aux mesures de garde à vue prises à compter du 1er juill. 2024)* **Le procureur de la République peut, à la demande de l'officier de police judiciaire et sur décision écrite et motivée, décider de faire procéder immédiatement à l'audition de la personne gardée à vue ou à des confrontations si cette décision est, au regard des circonstances, indispensable soit pour éviter une situation susceptible de compromettre sérieusement une procédure pénale, soit pour prévenir une atteinte grave à la vie, à la liberté ou à l'intégrité physique d'une personne.**

En cas de mise en œuvre de la procédure prévue au premier alinéa, la personne gardée à vue est immédiatement informée de l'arrivée de son avocat. Si une audition ou une confrontation est en cours, celle-ci est interrompue à la demande de la personne gardée à vue afin de lui permettre de s'entretenir avec son avocat dans les conditions prévues à l'article 63-4 et afin que celui-ci prenne connais-

sance des documents mentionnés à l'article 63-4-1. Si la personne gardée à vue ne demande pas à s'entretenir avec son avocat, celui-ci peut assister à l'audition ou à la confrontation en cours dès son arrivée dans les locaux du service de police judiciaire.

LIVRE IV DE QUELQUES PROCÉDURES PARTICULIÈRES

TITRE X DE L'ENTRAIDE JUDICIAIRE INTERNATIONALE

CHAPITRE II DISPOSITIONS PROPRES À L'ENTRAIDE ENTRE LA FRANCE ET LES AUTRES ÉTATS MEMBRES DE L'UNION EUROPÉENNE

SECTION 4 **Du membre national d'Eurojust** *(L. n° 2013-711 du 5 août 2013, art. 10).*

Art. 695-8-2 *(L. n° 2013-711 du 5 août 2013, art. 10)* I. — Le membre national est informé par le procureur général, le procureur de la République ou le juge d'instruction des investigations ou procédures en cours ainsi que des condamnations relatives à des affaires susceptibles d'entrer dans le champ de compétence d'Eurojust lorsqu'elles ont donné lieu ou sont de nature à donner lieu à la transmission à au moins deux États membres de demandes ou de décisions en matière de coopération judiciaire en application, notamment, d'instruments fondés sur le principe de reconnaissance mutuelle et lorsque l'une des conditions suivantes est remplie :

1° Ces investigations, procédures ou condamnations portent sur une infraction punissable, dans l'un au moins des États membres concernés, d'une peine ou d'une mesure de sûreté privative de liberté égale ou supérieure à cinq ans et qui entre dans l'une des catégories suivantes :

a) Traite des êtres humains ;

(L. n° 2021-1729 du 22 déc. 2021, art. 52) « *b)* Abus sexuels ou exploitation sexuelle, y compris pédopornographie et sollicitation d'enfants à des fins sexuelles ; »

c) Trafic de drogue ;

d) Trafic d'armes à feu, de leurs éléments et munitions ;

e) Corruption ;

f) *(L. n° 2021-1729 du 22 déc. 2021, art. 52)* « Infractions » portant atteinte aux intérêts financiers de l'Union européenne ;

(L. n° 2021-1729 du 22 déc. 2021, art. 52) « *g)* Faux-monnayage ou falsification de moyens de paiement ; »

h) Blanchiment de capitaux ;

i) Attaques visant les systèmes d'information ;

2° Les éléments du dossier font apparaître l'implication d'une organisation criminelle ;

3° Les éléments du dossier font apparaître que, par leur ampleur ou leur incidence transfrontalière, les faits sont susceptibles d'affecter gravement l'Union européenne ou de concerner des États membres autres que ceux directement impliqués.

Le membre national est, en outre, informé par le procureur général, le procureur de la République ou le juge d'instruction des investigations, des procédures et des condamnations relatives aux infractions terroristes *(L. n° 2024-364 du 22 avr. 2024, art. 31)* « , à l'exception de celles qui ne concernent manifestement pas les autres États ».

II. — Le membre national est également informé par le procureur général, le procureur de la République ou le juge d'instruction :

1° De la mise en place des équipes communes d'enquête et des résultats de leurs travaux ;

2° De la mise en œuvre d'une mesure de surveillance de l'acheminement ou du transport des objets, biens ou produits tirés de la commission d'une ou plusieurs infractions ou servant à les commettre lorsque la mesure concerne au moins trois États, dont au moins deux États membres ;

3° Des conflits de compétences avec un autre État membre et des difficultés ou refus récurrents d'exécution de demandes présentées ou de décisions prises en matière de coopération judiciaire en application, notamment, d'instruments fondés sur le principe de reconnaissance mutuelle.

III. – Le procureur général, le procureur de la République ou le juge d'instruction n'est pas tenu de communiquer à l'*(L. n° 2021-1729 du 22 déc. 2021, art. 52)* « agence » Eurojust les informations mentionnées aux I et II lorsque cette communication serait de nature à porter atteinte à la sécurité de la Nation ou à compromettre la sécurité d'une personne *(L. n° 2024-364 du 22 avr. 2024, art. 31)* « ou, en ce qui concerne les infractions terroristes, à compromettre une enquête en cours ».

SECTION 6 **De l'échange simplifié d'informations entre services en application de la directive (UE) 2023/977 du 10 mai 2023** *(L. n° 2024-364 du 22 avr. 2024, art. 25)*.

§ 1 Dispositions générales

Art. 695-9-31 Pour l'application de la *(L. n° 2024-364 du 22 avr. 2024, art. 26)* « directive (UE) 2023/977 du Parlement européen et du Conseil du 10 mai 2023 relative à l'échange d'informations entre les services répressifs des États membres et abrogeant la décision-cadre 2006/960/JAI du Conseil », les services ou unités de la police nationale, de la gendarmerie nationale *(L. n° 2018-898 du 23 oct. 2018, art. 2)* « , de la direction générale des douanes et droits indirects et de la direction générale des finances publiques » *(L. n° 2024-364 du 22 avr. 2024, art. 26)* « énumérés » par arrêté du ministre de la justice et, selon le cas, du ministre de l'intérieur ou du ministre chargé du budget peuvent, dans les conditions prévues à la présente section, aux fins de prévenir une infraction, d'en rassembler les preuves ou d'en rechercher les auteurs, échanger avec les services compétents d'un autre État membre de l'Union européenne des informations qui sont à leur disposition, soit qu'ils les détiennent, soit qu'ils puissent y accéder, notamment par consultation d'un traitement automatisé de données, sans qu'il soit nécessaire de prendre ou solliciter une réquisition ou toute autre mesure coercitive.

(L. n° 2024-364 du 22 avr. 2024, art. 26) « Au sein de ces services ou de ces unités, certains peuvent être spécialement désignés, au sens de l'article 695-9-31-1, aux fins de saisir directement les points de contact uniques des autres États membres. » – *V. art. R. 49-40.*

En application de l'Arr. du 27 sept. 2012 fixant les services d'enquête compétents pour échanger des informations avec d'autres services des États membres de l'Union européenne (JO 2 oct.), l'ensemble des services et unités de la police et de la gendarmerie nationales exerçant des missions de police judiciaire sont autorisés à échanger des informations avec d'autres services des États membres de l'Union européenne.

Un traitement automatisé de données à caractère personnel dénommé « Gestion électronique des courriers internationaux » (GECI), ayant pour finalités le référencement, le suivi et le recoupement des demandes et des réponses de coopération internationale en matière de police judiciaire émises et reçues par les services français compétents de la police et de la gendarmerie nationales et de la douane judiciaire ainsi que l'établissement de statistiques relatives à l'usage des outils de coopération internationale de police judiciaire a été mis en œuvre (Arr. du 21 sept. 2017, JO 5 oct.).

Art. 695-9-31-1 *(L. nº 2024-364 du 22 avr. 2024, art. 26)* Le point de contact unique mentionné à l'article 14 de la directive (UE) 2023/977 du Parlement européen et du Conseil du 10 mai 2023 relative à l'échange d'informations entre les services répressifs des États membres et abrogeant la décision-cadre 2006/960/JAI du Conseil, désigné par arrêté conjoint du ministre de la justice, du ministre de l'intérieur et du ministre chargé du budget, transmet directement les demandes d'informations sollicitées par les services ou unités mentionnés au premier alinéa de l'article 695-9-31. Il reçoit les demandes de transmission d'informations adressées par les points de contact uniques des États membres et par les services que ces derniers ont spécialement désignés pour transmettre directement les demandes d'informations aux autres États membres.

Lorsqu'une liste des services ou des unités spécialement désignés par arrêté conjoint du ministre de l'intérieur, du ministre de la justice et du ministre chargé du budget aux fins de transmettre directement les demandes d'informations aux points de contact uniques des États membres est établie par le point de contact unique dans les conditions prévues aux 1 et 2 de l'article 4 de la directive (UE) 2023/977 du Parlement européen et du Conseil du 10 mai 2023 précitée, le point de contact unique la transmet à la Commission.

§ 2 Dispositions applicables aux demandes d'informations émises par les services français

Art. 695-9-33 *(L. nº 2024-364 du 22 avr. 2024, art. 27)* S'il existe des raisons de supposer qu'un État membre détient des informations entrant dans les prévisions de l'article 695-9-31 et utiles à la prévention d'une infraction ou aux investigations tendant à en établir la preuve ou à en rechercher les auteurs, le point de contact unique mentionné à l'article 695-9-31-1 ainsi que les services et les unités spécialement désignés en application du second alinéa de l'article 695-9-31 peuvent en solliciter la transmission auprès du point de contact unique de cet État, dans le strict respect des principes de nécessité et de proportionnalité.

Tous les services et toutes les unités mentionnés au premier alinéa du présent article peuvent également solliciter la transmission directe de ces informations auprès des services compétents de cet État.

La demande de transmission expose les raisons laissant supposer que les informations sont détenues par le point de contact unique ou les services compétents de cet État. Elle précise à quelles fins les informations sont demandées et, lorsque les informations sont relatives à une personne déterminée, le lien entre cette personne et les fins de la demande.

Lorsque la demande de transmission d'informations est adressée par un service ou une unité spécialement désigné en application du second alinéa de l'article 695-9-31, une copie de cette demande est envoyée simultanément au point de contact unique mentionné à l'article 695-9-31-1, sauf s'il existe des motifs laissant supposer que cet envoi compromettrait un ou plusieurs des éléments suivants :

1° Une enquête en cours hautement sensible pour laquelle le traitement de l'information requiert un niveau de confidentialité approprié, notamment lorsque la procédure comporte des éléments couverts par le secret de la défense nationale ;

2° Les affaires de terrorisme n'impliquant pas la gestion de situations d'urgence ou de crise ;

3° La sécurité des personnes.

Lorsque la demande de transmission d'informations est adressée directement à un service compétent d'un État membre, une copie de cette demande est envoyée simultanément au point de contact unique de cet État, sauf s'il existe des motifs laissant supposer que cet envoi compromettrait un ou plusieurs éléments mentionnés aux 1° à 3° du présent article.

Une copie de la demande de transmission d'informations peut être transmise à Europol dans la mesure où elle porte sur une infraction relevant des objectifs mentionnés à l'article 3 du règlement (UE) 2016/794 du Parlement européen et du Conseil du 11 mai 2016 relatif à l'Agence de l'Union européenne pour la coopération des services répressifs (Europol) et remplaçant et abrogeant les décisions du Conseil 2009/371/JAI, 2009/934/JAI, 2009/935/JAI, 2009/936/JAI et 2009/968/JAI.

§ 3 Dispositions applicables aux demandes d'informations reçues par les services français

Art. 695-9-37 *(L. nº 2024-364 du 22 avr. 2024, art. 28)* Le point de contact unique mentionné à l'article 695-9-31-1 transmet, à leur demande, aux points de contact uniques ou aux services spécialement désignés des États membres les informations mentionnées à l'article 695-9-31 utiles à la prévention d'une infraction ou aux investigations tendant à en établir la preuve ou à en rechercher les auteurs, dans le strict respect des principes de nécessité et de proportionnalité.

Lorsqu'une demande d'informations a été adressée directement à l'un des services ou des unités mentionnés au premier alinéa du même article 695-9-31, ce service ou cette unité envoie simultanément une copie de sa transmission d'informations au point de contact unique mentionné à l'article 695-9-31-1, sauf s'il existe des motifs laissant supposer que cet envoi compromettrait un ou plusieurs des éléments suivants :

1° Une enquête en cours hautement sensible pour laquelle le traitement de l'information requiert un niveau de confidentialité approprié, notamment lorsque la procédure comporte des éléments couverts par le secret de la défense nationale ;

2° Les affaires de terrorisme n'impliquant pas la gestion de situations d'urgence ou de crise ;

3° La sécurité des personnes.

Lorsque les informations sont transmises à un service compétent d'un État membre, une copie de cette transmission est envoyée simultanément au point de contact unique de cet État, sauf s'il existe des motifs laissant supposer que cet envoi compromettrait un ou plusieurs éléments mentionnés aux 1° à 3° du présent article.

Le point de contact unique effectue la transmission dans les délais fixés au paragraphe 1 de l'article 5 de la directive (UE) 2023/977 du Parlement européen et du Conseil du 10 mai 2023 relative à l'échange d'informations entre les services répressifs des États membres et abrogeant la décision-cadre 2006/960/JAI du Conseil.

Lorsque, conformément à l'article 695-9-40 du présent code, les informations demandées ne peuvent être transmises qu'avec l'autorisation préalable d'un magistrat ou d'une juridiction, il peut être dérogé aux délais prévus à l'avant-dernier alinéa du présent article. Dans ce cas, le point de contact unique mentionné à l'article 695-9-31-1 en informe sans délai le point de contact unique ou le service spécialement désigné demandeur, en précisant la durée et les motifs du retard ; il tient celui-ci informé dès que possible de la suite accordée à la demande.

Art. 695-9-38 *(L. nº 2024-364 du 22 avr. 2024, art. 28)* Sous réserve de l'article 695-9-40 et du 1° de l'article 695-9-41, si des faits permettent de penser que des informations mentionnées à l'article 695-9-31 pourraient être utiles à un autre État membre soit pour prévenir une infraction relevant de l'une des catégories énumérées à l'article 694-32 et punie en France d'une peine privative de liberté d'une durée égale ou supérieure à trois ans d'emprisonnement ou une infraction entrant dans le champ de compétence d'Europol mentionnée aux paragraphes 1 ou 2 de l'article 3 du règlement (UE) 2016/794 du Parlement européen et du Conseil du 11 mai 2016 relatif à l'Agence de l'Union européenne pour la coopération des services répressifs (Europol) et remplaçant et abrogeant les décisions du Conseil 2009/371/JAI, 2009/934/JAI, 2009/935/JAI, 2009/936/JAI et 2009/968/JAI, soit pour conduire les investigations tendant à établir la preuve ou à rechercher les auteurs d'une telle infraction, le service ou l'unité mentionné au premier alinéa de l'article 695-9-31 qui détient ces informations ou le point de contact unique mentionné à l'article 695-9-31-1 les transmet spontanément aux services compétents ou au point de contact unique de cet État.

Lorsque les informations utiles à un autre État membre concernent une infraction qui n'entre pas dans les prévisions du premier alinéa du présent article, le service ou l'unité mentionné au premier alinéa de l'article 695-9-31 qui détient ces informations ou le point de contact unique mentionné à l'article 695-9-31-1 peut prendre l'initiative de les transmettre aux services compétents ou au point de contact unique de cet État.

Lorsque les informations sont transmises par un des services et unités mentionnés au premier alinéa de l'article 695-9-31, ce service ou cette unité envoie simultanément une copie de sa transmission d'informations au point de contact unique mentionné à l'article 695-9-31-1, dans les conditions et sous les réserves prévues à l'article 695-9-33.

Lorsque les informations sont transmises à un service compétent d'un État membre, une copie de cette transmission est envoyée simultanément au point de contact unique de cet État, dans les conditions et sous les réserves prévues à l'article 695-9-33.

Le cas échéant, la transmission d'informations est traduite dans l'une des langues acceptées par l'État membre destinataire conformément à l'article 11 de la directive (UE) 2023/977 du Parlement européen et du Conseil du 10 mai 2023 relative à l'échange d'informations entre les services répressifs des États membres et abrogeant la décision-cadre 2006/960/JAI du Conseil.

Art. 695-9-39 Lorsque les informations détenues par les services et unités mentionnés à l'article 695-9-31 *(L. n° 2024-364 du 22 avr. 2024, art. 29)* « ou par le point de contact unique mentionné à l'article 695-9-31-1 » leur ont été transmises par un État membre sur le fondement des dispositions de la *(L. n° 2024-364 du 22 avr. 2024, art. 29)* « directive (UE) 2023/977 du Parlement européen et du Conseil du 10 mai 2023 précitée », elles ne peuvent être transmises à un autre État membre *(L. n° 2024-364 du 22 avr. 2024, art. 29)* « ou à Europol » qu'avec l'accord de l'État qui les avait transmises et dans les conditions fixées par lui.

Lorsque les informations détenues par ces mêmes services ou unités *(L. n° 2024-364 du 22 avr. 2024, art. 29)* « ou par le point de contact unique mentionné à l'article 695-9-31-1 » avaient été transmises à la France par un État membre sur un autre fondement que la *(L. n° 2024-364 du 22 avr. 2024, art. 29)* « directive (UE) 2023/977 du Parlement européen et du Conseil du 10 mai 2023 précitée » ou par un État tiers, elles ne peuvent être transmises à un autre État membre *(L. n° 2024-364 du 22 avr. 2024, art. 29)* « ou à Europol » qu'avec l'accord de l'État qui les avait transmises et dans les conditions fixées par lui chaque fois que la France y est tenue par ses engagements internationaux.

Art. 695-9-40 Les informations ne peuvent être transmises *(L. n° 2024-364 du 22 avr. 2024, art. 30)* « au point de contact unique ou » aux services compétents de l'État membre qui les a demandées qu'avec l'autorisation préalable d'un magistrat chaque fois que cette autorisation est requise en France pour accéder à ces mêmes informations ou les transmettre à un service ou à une unité de police judiciaire.

Lorsque cette autorisation est nécessaire, *(L. nº 2024-364 du 22 avr. 2024, art. 30)* « le point de contact unique ou » le service ou l'unité à laquelle les informations sont demandées la sollicite auprès du magistrat compétent.

Les pièces d'une procédure pénale en cours ne peuvent être transmises, selon le cas, qu'avec l'accord de la juridiction d'instruction ou, lorsqu'une enquête est en cours ou que la juridiction de jugement est saisie, du ministère public.

Art. 695-9-41 *(L. nº 2024-364 du 22 avr. 2024, art. 30)* Le point de contact unique ne peut refuser de communiquer les informations demandées par un État membre qu'en présence d'un des motifs suivants :

1° Des raisons objectives laissent penser que la communication des informations demandées :

a) Porterait atteinte aux intérêts fondamentaux de l'État en matière de sécurité nationale ;

b) Nuirait au déroulement d'investigations en matière pénale ou compromettrait la sécurité des personnes ;

c) Serait manifestement disproportionnée ou sans objet au regard des finalités pour lesquelles elle a été demandée ;

d) Porterait indûment atteinte aux intérêts importants protégés d'une personne morale ;

2° Les informations demandées :

a) Ne sont pas disponibles, se sont révélées inexactes ou incomplètes, ne sont plus à jour ou constituent des données autres que celles relevant des catégories de données à caractère personnel énumérées à la section B de l'annexe II du règlement (UE) 2016/794 du Parlement européen et du Conseil du 11 mai 2016 relatif à l'Agence de l'Union européenne pour la coopération des services répressifs (Europol) et remplaçant et abrogeant les décisions du Conseil 2009/371/JAI, 2009/934/JAI, 2009/935/JAI, 2009/936/JAI et 2009/968/JAI ;

b) Se rapportent à une infraction punie en France d'une peine d'emprisonnement inférieure ou égale à un an ou à des faits qui ne constituent pas une infraction pénale ;

3° L'État mentionné à l'article 695-9-39 du présent code n'a pas consenti à la communication des informations ;

4° Le magistrat compétent ou la juridiction compétente a refusé la communication, conformément à l'article 695-9-40.

Art. 695-9-42 *(Abrogé par L. nº 2024-364 du 22 avr. 2024, art. 30) Les services et unités mentionnés à l'article 695-9-31 peuvent refuser de transmettre les informations demandées lorsqu'elles se rapportent à une infraction punie en France d'une peine d'emprisonnement inférieure ou égale à un an et qu'elles ne leur paraissent pas présenter un intérêt suffisant pour justifier les contraintes attachées à leur transmission.*

Art. 695-9-43 Lors de la transmission de l'information, *(L. nº 2024-364 du 22 avr. 2024, art. 30)* « le point de contact unique ou » le service ou l'unité mentionnée à l'article 695-9-31 indique au service destinataire les conditions d'utilisation de celle-ci.

Chaque fois qu'il l'estime utile, il peut demander au service destinataire de l'informer de l'utilisation qui a été faite de l'information transmise.

Art. 695-9-44 *(L. nº 2024-364 du 22 avr. 2024, art. 30)* Lorsqu'une information a été transmise par le point de contact unique mentionné à l'article 695-9-31-1 ou par un service ou une unité mentionné à l'article 695-9-31 au point de contact unique ou à un service compétent d'un État membre et que celui-ci envisage de la communiquer à un autre État ou d'en faire une utilisation différente de celle pour laquelle la transmission avait été décidée, l'entité qui a procédé à la transmission initiale apprécie s'il y a lieu d'autoriser, à la demande de l'État destinataire, la retransmission ou la nouvelle utilisation de l'information et, le cas échéant, fixe les conditions de celle-ci.

Art. 695-9-45 Les informations transmises *(L. n° 2024-364 du 22 avr. 2024, art. 30)* « par le point de contact unique mentionné à l'article 695-9-31-1 ou » par les services et unités mentionnés à l'article 695-9-31 peuvent être utilisées par le service destinataire à titre de preuve, sauf mention contraire lors de leur transmission.

Art. 695-9-45-1 *(L. n° 2024-364 du 22 avr. 2024, art. 30)* Si des données à caractère personnel transmises par le point de contact unique mentionné à l'article 695-9-31-1 ou par le service ou l'unité mentionné à l'article 695-9-31 se révèlent inexactes ou incomplètes ou ne sont plus à jour, ceux-ci informent sans tarder leur destinataire de l'effacement, de la rectification ou de la limitation du traitement de ces données.

Art. 695-9-46 *(L. n° 2024-364 du 22 avr. 2024, art. 30)* Sous réserve des articles 695-9-39, 695-9-43 et 695-9-44, les informations transmises par le point de contact unique mentionné à l'article 695-9-31-1 ou par un service ou une unité mentionné à l'article 695-9-31 au point de contact unique ou aux services compétents d'un État membre peuvent être également transmises à Eurojust et à Europol lorsqu'elles portent sur une infraction relevant des objectifs énoncés à l'article 3 du règlement (UE) 2016/794 du Parlement européen et du Conseil du 11 mai 2016 relatif à l'Agence de l'Union européenne pour la coopération des services répressifs (Europol) et remplaçant et abrogeant les décisions du Conseil 2009/371/JAI, 2009/934/JAI, 2009/935/JAI, 2009/936/JAI et 2009/968/JAI.

Art. 695-9-47 *(Abrogé par L. n° 2024-364 du 22 avr. 2024, art. 30)* ***Un arrêté du ministre de la justice, du ministre de l'intérieur et du ministre chargé du budget désigne les points de contact auxquels les demandes de transmission d'informations peuvent être adressées par les services compétents des États membres.*** *— V. Arr. du 27 sept. 2012 désignant les points de contact habilités à recevoir les demandes d'informations provenant de services d'enquête des États membres de l'Union européenne (JO 2 oct.).*

CHAPITRE IV **DU MANDAT D'ARRÊT EUROPÉEN, DES PROCÉDURES DE REMISE ENTRE ÉTATS MEMBRES DE L'UNION EUROPÉENNE, RÉSULTANT DE LA DÉCISION-CADRE DU CONSEIL DE L'UNION EUROPÉENNE DU 13 JUIN 2002 ET DES PROCÉDURES DE REMISE RÉSULTANT D'ACCORDS CONCLUS PAR L'UNION EUROPÉENNE AVEC D'AUTRES ÉTATS** *(L. n° 2013-711 du 5 août 2013, art. 17).*

SECTION 3 **Dispositions relatives à l'exécution d'un mandat d'arrêt européen décerné par les juridictions étrangères**

§ 5 Cas particuliers

Art. 695-43 Lorsque, *(L. n° 2024-364 du 22 avr. 2024, art. 33)* « à titre exceptionnel », la décision définitive sur l'exécution du mandat d'arrêt européen ne peut être rendue par les autorités judiciaires compétentes dans le délai de soixante jours à compter de l'arrestation de la personne recherchée, le procureur général territorialement compétent en informe immédiatement l'autorité judiciaire de l'État membre d'émission en lui indiquant les raisons du retard. Ce délai est alors prolongé de trente jours supplémentaires.

Lorsque, *(L. n° 2024-364 du 22 avr. 2024, art. 33)* « à titre exceptionnel », la décision définitive sur l'exécution du mandat d'arrêt européen n'a pas été prise dans le délai de quatre-vingt-dix jours à compter de la date de l'arrestation de la personne recherchée, le procureur général territorialement compétent en informe le ministre de la justice qui, à son tour, en avise Eurojust, en précisant les raisons du retard.

Après un arrêt de cassation avec renvoi, la chambre de l'instruction à laquelle la cause est renvoyée statue dans les vingt jours à compter du prononcé de l'arrêt de la Cour de cassation. Cette chambre connaît des éventuelles demandes de mise en liberté formées par la personne réclamée.

Art. 695-45 La chambre de l'instruction peut également, lorsque cela est possible *(Abrogé par L. n° 2024-364 du 22 avr. 2024, art. 33)* ***« et que la personne recherchée y consent »***, accepter le transfèrement temporaire de cette dernière selon les formes prévues aux articles 695-28 et 695-29, aux premier à troisième alinéas de l'article 695-30, et au dernier alinéa de l'article 695-31, à charge pour l'autorité judiciaire de l'État membre d'émission de la renvoyer pour assister aux audiences la concernant.

La décision est rendue à l'audience. Elle est immédiatement exécutoire.

LIVRE VI DISPOSITIONS RELATIVES À L'OUTRE-MER *(Ord. n° 2011-337 du 29 mars 2011, en vigueur le 1er avr. 2011).*

TITRE I DISPOSITIONS APPLICABLES EN POLYNÉSIE FRANÇAISE, DANS LES ÎLES WALLIS-ET-FUTUNA ET EN NOUVELLE-CALÉDONIE *(Ord. n° 2009-536 du 14 mai 2009, art. 25-2°).*

CHAPITRE I DISPOSITIONS GÉNÉRALES

Art. 804 *(L. n° 2024-582 du 24 juin 2024, art. 18-II)* **« Le présent code est applicable, dans sa rédaction résultant de la loi n° 2024-582 du 24 juin 2024 améliorant l'efficacité des dispositifs de saisie et de confiscation des avoirs criminels, en Nouvelle-Calédonie »** *(L. n° 2024-364 du 22 avr. 2024, art. 34-II)* **« en Polynésie française et dans les îles Wallis-et-Futuna, sous réserve des adaptations prévues au présent titre et aux seules exceptions : »**

1° Pour la Nouvelle-Calédonie et la Polynésie française, du cinquième alinéa de l'article 398 et des articles 529-3 à 529-6 et de l'article 706-157 lequel est applicable dans ces collectivités dans sa rédaction issue de la loi n° 2016-731 du 3 juin 2016 *(L. n° 2023-1059 du 20 nov. 2023, art. 58-VI)* **« ainsi que des dispositions relatives à la cour criminelle départementale » ;**

2° Pour les îles Wallis-et-Futuna, des articles 52-1, 83-1 et 83-2, du cinquième alinéa de l'article 398 et des articles 529-3 à 529-6 *(L. n° 2023-1059 du 20 nov. 2023, art. 58-VI)* **« ainsi que des dispositions relatives à la cour criminelle départementale ».**

Photocomposé, traité sur ordinateur par :
JOUVE, 1, rue du Docteur Sauvé - 53100 MAYENNE

PEFC/10-31-1895

Achevé d'imprimer en France, en juillet 2024, sur les presses de l'imprimerie Chirat
Dépôt légal : juillet 2024 - N° 202407.0158